Lustige Geschichten von den Osterhasen

Text von Gisela Fischer
mit Bildern von Frank Smith

PESTALOZZI-VERLAG, D 8520 ERLANGEN

Ostern im Wald

Im Osterhasendorf sind die Vorbereitungen für Ostern in vollem Gange.
Einige Osterhasen schleppen körbeweise Eier herbei.
Andere mischen Farben. Und schließlich machen sich alle daran, die Eier zu bemalen. Da muß jeder Hase mithelfen.
Die erwachsenen Hasen arbeiten von morgens früh bis abends spät und legen mittags nur eine kurze Möhren- oder Löwenzahn-Mahlzeit ein.
Doch die Hasenkinder haben den Nachmittag frei zum Spielen.
Munter plaudernd kommen hier drei Hasenkinder dahergehoppelt.
Es sind Sissi, Flitzer und Stups.
Flitzer ist der Hase mit der Streifenhose, Stups hat ein kariertes Hemd an.
Die drei Häschen wollen im Wald ihre Freunde besuchen, das Eichhörnchen, den Fuchs, den Igel und Mauseminchen, die Maus.
„Bestimmt sind sie schon traurig, weil wir vor lauter Ostervorbereitungen keine Zeit mehr für sie haben", meint Sissi.
„Ach wo", sagt Flitzer, „die wissen doch, daß wir vor Ostern immer sehr beschäftigt sind."
Aber die Freunde der drei Hasenkinder sehen wirklich ein wenig niedergeschlagen aus.
„Was ist los?" fragt Stups.
„Bald haben wir wieder viel Zeit, um mit euch zu spielen", fügt Sissi hinzu.
Doch die vier Freunde schütteln den Kopf.
Mauseminchen ergreift das Wort: „Das ist es nicht", meint sie. „Deshalb sind wir nicht traurig. Wir haben uns nur gerade überlegt, warum zu Ostern immer nur die Menschenkinder beschenkt werden und wir nie."
Ja, warum eigentlich?

Das wissen die Hasenkinder auch nicht. Sie sehen sich betreten an.
„Ich will darüber nachdenken", sagt Flitzer und setzt sich auf einen Baumstumpf.
Sissi und Stups denken ebenfalls nach.
„Ich hab's! Ich habe eine Idee!" ruft Sissi plötzlich und springt auf. „Los, Flitzer, los, Stups, kommt mit mir! Wir haben jetzt viel zu tun! Wir dürfen keine Zeit verschwenden!"
„Müßt ihr wirklich schon gehen?" fragt Mauseminchen. „Warum habt ihr es auf einmal so eilig?" will auch der Fuchs wissen.
„Kann ich nicht sagen", meint Sissi geheimnisvoll.
„Ach, bitte, wir sind doch deine Freunde! Sag es uns doch!" bettelt das Eichhörnchen.
Aber Sissi schüttelt den Kopf. „Nein, geht nicht. Großes Hasengeheimnis. Osterhasengeheimnis!"
Die drei Hasenkinder hoppeln davon.
Am Waldrand angelangt, rückt Sissi mit der Sprache heraus: „Wie wäre es, wenn wir unseren Freunden zu Ostern schöne Nester zusammenstellten?"
„Toll! Eine prima Idee!" Stups und Flitzer sind begeistert.
„Aber was legen wir in die Nester hinein?" will Flitzer wissen.
„Auf jeden Fall ein buntes Osterei. Und dazu lauter Sachen, die ihnen schmecken", verkündet Sissi.
„Mauseminchen mag gern Körner", erinnert sich Stups. „Ich laufe zum Feld und hole welche."
„Dann besorge auch Nüsse und Eicheln. Die mag das Eichhörnchen", sagt Flitzer.
Und Sissi beschließt: „Gut, und du, Flitzer, holst Äpfel für den Igel. Ich selbst will sehen, wo ich Weintrauben für den Fuchs bekommen kann."
Schnell holen die Hasenkinder im Dorf ihre Körbe und machen sich auf, um Leckereien für die Freunde zu besorgen.
Am Abend vor Ostern richten sie liebevoll die Nester her.

„Sagt einmal ehrlich, sieht das rote Ei nicht herrlich zwischen den braunen Nüssen aus?“ fragt Sissi.
„Sehr schön“, stimmt Flitzer zu. „Aber guck dir auch einmal das gelbe Ei zwischen den Weintrauben an! Unserem Füchslein wird das Wasser im Maule zusammenlaufen bei diesem Anblick!“
Plötzlich wird über ihnen ein Fensterladen geöffnet.
Haseline streckt den Kopf zum Fenster heraus und fragt: „Was macht ihr denn da? Für wen sind die schönen Nester?“
„Das geht so kleine Hasen wie dich überhaupt nichts an!“ sagt Sissi schnippisch und kommt sich schrecklich wichtig vor.
„Kleine Hasen!“ schimpft Haseline. Beleidigt macht sie den Fensterladen wieder zu.
Schließlich stellen Sissi, Flitzer und Stups die fertigen Nester in ihre Kiepen und verabreden sich für den nächsten Morgen, den Ostermorgen, gleich nach dem Frühstück.
In aller Frühe brechen die erwachsenen Osterhasen auf, um Ostereier zu den Menschenkindern zu bringen.
Sissi, Flitzer und Stups aber machen sich hoppelnd auf den Weg zu ihren Freunden.
„Am besten gehen wir zuerst zu Mauseminchen“, schlägt Sissi vor. „Sie wohnt ja nicht weit von hier.“
Am Kornfeld angekommen, heißt es erst einmal suchen. Denn Mauseminchens Haustür liegt gut versteckt.
Suchend laufen die Hasenkinder am Feld entlang.
Da, jetzt haben sie die Tür gefunden!
„Pst, leise, damit uns Mauseminchen nicht hört!“ flüstert Stups. Vorsichtig holt er das kleine Osternest aus Sissis Kiepe.
„Biegt die Halme ein wenig zur Seite, damit ich das Nest dicht neben die Haustür stellen kann“, tuschelt Stups seinen beiden Hasenfreunden zu. „Stell's aber nicht direkt vor die Haustür, sonst tritt Mauseminchen womöglich hinein“, warnt Sissi. „Und das wäre wirklich jammerschade“, brummelt Flitzer.

„Puh, das wäre geschafft!" seufzt Stups erleichtert. „Wen beschenken wir als nächsten?"
„Ich würde sagen, den Igel", schlägt Flitzer vor. „Aber bei dem müssen wir bestimmt nicht so leise und vorsichtig sein wie bei Mauseminchen. Wie ich den kenne, schläft er um diese Zeit tief und fest."
Vom Kornfeld aus hoppeln die Hasenkinder nun der Hecke am Waldrand zu. Einen festen Wohnsitz wie Mauseminchen hat ihr stachliger Freund nicht. Er schläft im Schutz der Hecke mal hier, mal dort – wo ihn gerade nach seiner nächtlichen Futtersuche der Schlaf übermannt.
Als die Hasenkinder an einer umgestürzten Buche am Waldrand ankommen, sagt Flitzer: „Ich stelle hier meine Kiepe ab. Wenn wir nachher dem Eichhörnchen sein Nest bringen, müssen wir ohnehin hier wieder vorbei. Ich nehme nur das Nest für den Igel mit."
„Eine gute Idee!" lobt Sissi. „Ohne Kiepen können wir uns viel besser bücken und den Igel unter der Hecke suchen."
Flitzer holt das Nest mit den Äpfeln und dem grünen Ei aus seiner Kiepe. Dann stellen die drei Hasenkinder ihre Kiepen bei der umgestürzten Buche ab. Und schon laufen sie gebückt und angestrengt suchend an der Hecke entlang.
„Da ist er! Ich sehe ihn!" sagt Stups auf einmal.
„Es sieht aus, als ob er etwas Schönes träumt", flüstert Flitzer. „Seht nur, wie er lächelt!"
„Vielleicht träumt er von einem Osternest", scherzt Sissi.
„Ha, ha!" kichert Flitzer los. „Dann wird er aber beim Aufwachen Augen machen, wenn wirklich eines vor ihm steht!"
„Kommt jetzt, wir müssen weiter!" drängt Stups.
„Wer als erster bei den Kiepen ist!" ruft Sissi übermütig und rennt auch schon los.
Hei, das lassen sich Flitzer und Stups nicht zweimal sagen! Schon sausen sie hinter Sissi her.

Flitzer gewinnt den Wettlauf – wie immer. Nicht umsonst hat dieser Hase seinen Namen!
„Wie machst du das bloß?" fragt Stups neidisch.
„Ph, ganz einfach!" lacht Flitzer ein wenig atemlos. „Ich stelle mir jedesmal vor, der Hund des Jägers ist hinter mir her. Und da renne ich eben, so schnell ich nur kann!"
„Das probiere ich beim nächsten Mal auch aus", nimmt sich Stups vor.
Nun setzen die drei Häschen ihre Kiepen wieder auf. Und es dauert nicht lange, da sehen sie die große Tanne, auf der das Eichhörnchen wohnt.
„Ich laufe vor und rufe laut nach ihm", schlägt Sissi vor. „Bei dem Eichhörnchen weiß man nie, ob es sich nicht gerade irgendwo in den Zweigen versteckt."
Schon stellt sie ihre Kiepe ab, läuft zur großen Tanne und ruft: „Hallo, Eichhörnchen, guten Morgen!"
Keine Antwort.
„Eichhörnchen, ich bin's, Sissi! Bist du zu Hause?"
Wieder keine Antwort.
Da ist Sissi sicher, daß das Eichhörnchen nicht daheim ist. „Los, kommt!" ruft sie Stups und Flitzer zu. „Und bringt auch meine Kiepe bitte mit!"
Die beiden Hasenkinder kommen angehoppelt.
Doch Sissi blickt hilflos am hohen Stamm der Tanne hinauf. „Wie sollen wir denn das Nest da hinauf kriegen?" fragt sie. Flitzer überlegt einen Augenblick, dann sagt er: „Ich hab's. Paß auf, Stups, du steigst jetzt auf meine Schultern. Sissi reicht dir das Nest mit den Eicheln und Nüssen und zuletzt das dicke Osterei."
Gesagt, getan. Hopp! springt Stups auf Flitzers Schultern.
„Hu! Wackel nicht so!" ruft er und versucht mühsam, das Gleichgewicht zu halten.
„So, jetzt", meint er dann, und Sissi reicht ihm das Nest mit Eicheln und Nüssen.

Stups bettet das Nest in die unterste Astgabel. „Jetzt reich mir das Osterei!" bittet er Sissi.
Sissi hält es in die Höhe.
„Ich kann noch nicht dran", klagt Stups.
„Stell dich auf die Zehenspitzen, Sissi!"
Und Flitzer schimpft: „Jetzt beeilt euch mal. Ich kann Stups nicht mehr lange halten!"
Die drei Hasenkinder strengen sich mächtig an.
„Fertig!" freut sich Stups und springt mit einem Riesensatz von Flitzers Schultern.
„Eigentlich ist es schade, daß wir nicht miterleben, wie das Eichhörnchen das Osternest findet", sagt Sissi.
„Bestimmt saust es vor Freude den Stamm hinauf und schwingt sich vom Wipfel der Tanne bis zum nächsten Baum!" lacht Stups.
Flitzer schüttelt sich. „Wenn ich nur ans Fliegen denke, wird mir schon ganz schwindelig."
„Ich fühle mich auch wohler, wenn ich Boden unter den Füßen habe", meint Sissi.
Die Hasenkinder schultern ihre Kiepen wieder. Jetzt haben sie nur noch ein einziges Nest, das für den Fuchs. Plaudernd und lachend machen sie sich auf den Weg zu ihm.
Auf einmal sagt Stups: „Pst, wir müssen jetzt leise sein. Dort hinten ist schon die alte Eiche, unter der unser Freund wohnt."
Während Sissi und Stups im Gebüsch versteckt warten, schleicht sich Flitzer auf leisen Sohlen an den Baum heran.
Er will herausfinden, ob der Fuchs zu Hause ist.
Gewöhnlich streift dieser in der Nacht umher und sucht sich seine Nahrung. Daher müßte er jetzt eigentlich schlafen.
Flitzer steckt den Kopf ein Stück in die hohle Eiche hinein. Er braucht seine Ohren nicht anzustrengen: Laut und deutlich hört er den Fuchs schnarchen.
Aufgeregt winkt Flitzer Sissi und Stups und gibt ihnen das Zeichen näherzukommen.

Vorsichtig nehmen Sissi und Stups das Nest für den Fuchs aus der Kiepe.
„Es ist ein wenig durcheinandergeraten", flüstert Sissi. „Flitzer, horch noch in den Bau hinein, damit uns der Fuchs nicht überrascht."
„Mach aber schnell", sagt Flitzer, denn aus dem Fuchsbau steigt ein recht strenger Geruch auf...
Mit leeren Kiepen hoppeln die Hasenkinder schließlich zurück zum Osterhasendorf.
Dort treffen gerade die ersten erwachsenen Osterhasen ein. Sie schwätzen und lachen ebenso aufgeregt wie Sissi, Flitzer und Stups.
Kein Wunder! Sie haben ja gerade ihre Pflicht als Osterhasen erfüllt und den Menschenkindern wie jedes Jahr viele bunte Ostereier gebracht.
Dabei erleben sie natürlich so allerhand.
„Nanu?" fragen sie verwundert, als sie die drei Hasenkinder mit ihren leeren Kiepen im Hasendorf antreffen. „Wo kommt ihr denn schon in aller Frühe her? Das sieht ja ganz so aus, als hättet ihr heute schon wie richtige Osterhasen gearbeitet!"
„Haben wir auch!" rufen Sissi, Flitzer und Stups gleichzeitig und sind sehr stolz.
„Wir haben in diesem Jahr unseren Freunden Osternester gebracht!" erzählt Flitzer.
„Sie waren nämlich traurig, weil immer nur die Menschenkinder an Ostern beschenkt werden!" fügt Stups hinzu.
„Das habt ihr aber fein gemacht!" loben die erwachsenen Osterhasen. „Bestimmt haben sich eure Freunde sehr gefreut."
„Hallo! Das war aber eine Überraschung!" hören die Hasenkinder plötzlich vertraute Stimmen rufen.
Was meint ihr, wen sie sehen, als sie sich umdrehen? Richtig, Eichhörnchen, Igel, Fuchs und Mauseminchen sind es, die ihnen da freudestrahlend entgegenkommen.

Jeder der vier trägt sein Osternest vor sich her und strahlt vor Glück.
„So schön habe ich mir ein Osternest nicht vorgestellt!" lacht der Fuchs.
„Da sind ja lauter leckere Sachen drin!" freut sich der Igel. Und Mauseminchen sagt: „Herzlichen Dank, liebe Osterhasen! Und um euch zu zeigen, wie sehr wir uns freuen, haben wir uns etwas ausgedacht: Wir laden euch drei heute bei den Baumstümpfen zum Essen ein. Kommt so etwa in einer Stunde. Bis dahin werden wir etwas Leckeres für euch besorgen!"
Dankend nehmen die Hasenkinder die Einladung an.
Eine Stunde später sieht man sie über die Wiese zu den Baumstümpfen hoppeln.
Die drei sind sehr gespannt. Was die Freunde ihnen wohl zum Essen anbieten werden?
„Hoffentlich ist es etwas Saftiges!" wünscht Sissi.
„Und etwas zum Knabbern!" meint Stups.
„Warten wir's ab!" sagt Flitzer.
Mit großem Hallo begrüßen Eichhörnchen, Fuchs, Igel und Mauseminchen die Hasenkinder.
„Wir hoffen, ihr mögt frische Möhren!" sagt Mauseminchen.
„Hm, köstlich!" ruft Flitzer.
„Die sind genau nach unserem Geschmack!" meint Stups schmatzend.
Sissi nickt zustimmend.
Nun fangen die Freunde an, von ihren Leckereien zu essen. Aber die bunten Ostereier, die werden noch aufgehoben!
„Das Beste auf der Welt sind Weintrauben", sagt der Fuchs.
„Für mich sind es Nüsse", meint das Eichhörnchen.
„Und für mich Äpfel", sagt der Igel.
Mauseminchen sagt gar nichts. Sie knabbert stillvergnügt an ihren Körnern.
Alle sind sich einig: Dies ist ein wunderschönes Osterfest!

Der Osterhase und der Schmetterling

Es sind nur noch drei Tage bis zum Osterfest. Auf der großen Wiese vor dem Hasendorf wird fieberhaft gearbeitet. Viele Osterhasen sitzen dort und malen Eier an.
„Haltet die Eier nur gut mit euren Hinterpfoten fest!" hat der Ober-Osterhase die Hasen ermahnt. „Die Eier sind in diesem Jahr entsetzlich teuer! Und Ersatzeier sind auch kaum zu kriegen! Die Hennen werden wirklich von Jahr zu Jahr bequemer!"
Also geben sich die Osterhasen große Mühe, damit kein Ei kaputt geht.
Eifrig tauchen sie ihre Pinsel in die Töpfe mit roter, gelber, blauer und grüner Farbe.
Nur einer pinselt lustlos an seinem Ei herum. Es ist der Hase Leichtfuß.
„Immer nur rot, gelb, blau und grün!" schimpft er vor sich hin. „So etwas Langweiliges! Wenn ich nur wüßte, wie ich fröhlichere Eier malen könnte!"
Leichtfuß grübelt und grübelt... Und er ist so in seine Gedanken versunken, daß er nicht merkt, wie ihm langsam sein halbfertiges Ei aus den Hinterpfoten gleitet.
Als er es dann aber merkt, ist es schon zu spät.
Leichtfuß streckt trotzdem die Hand aus, und – stößt dabei seinen Farbtopf um. Platsch! macht es. Und schon ergießt sich die ganze Farbe auf die Erde.
„Oje, oje!" jammert Leichtfuß. „Was soll ich jetzt tun? Was soll ich nur dem Ober-Osterhasen sagen?"
Ratlos und verzweifelt fängt der Hase an zu weinen.
Immer feuchter wird sein großes Taschentuch von all den Tränen. Doch dann sagt sich Leichtfuß: Vom Heulen wird es auch nicht besser! Ich muß mir ein neues Ei besorgen und es so schön bemalen, daß der Ober-Osterhase mir den umgeworfenen Farbtopf und das angeknackste Ei verzeiht!

Leichtfuß legt sein feuchtes Taschentuch zum Trocknen ins Gras, beschwert es noch mit einem Stein, damit es nicht davonfliegt, und springt dann mit einem Ruck auf.
Aufgeschreckt durch diese Bewegung flattert vor dem Hasen ein Schmetterling von einer Blume auf.
„Oh, ist der schön!" flüstert Leichtfuß bewundernd. „So müßte mein Osterei aussehen!"
Und schon hat er eine Idee. Eine ausgezeichnete Idee sogar! Er wird sich den Schmetterling fangen.
Ja, und dann wird er sich die richtige Farbe mischen und ein Ei damit anmalen. Das wird er mit dem Muster verzieren, das auch auf den Flügeln des Schmetterlings ist.
„So und nicht anders wird es gemacht!" sagt Leichtfuß entschlossen.
Und schon jagt er dem Schmetterling nach.
Der gaukelt auf und nieder, setzt sich hier auf eine leuchtende Blüte, dort auf einen Pilz. Ja, er läßt sich sogar kurz auf einem Löffel von Leichtfuß nieder!
„Na warte nur, du frecher Falter!" droht Leichtfuß. „Gleich erwische ich dich!"
Leichtfuß rennt und schleicht sich an. Er springt nach links und springt nach rechts.
Er bückt sich und schnellt in die Höhe.
Aber den Schmetterling erwischt er nicht.
„Hihi!" kichert der Igel, der dem Hasen schon eine Zeitlang zugesehen hat. „Höher müßtest du springen können!" neckt er ihn.
„Fliegen müßtest du können!" spottet eine Maus, die Leichtfuß ebenfalls beobachtet hat.
„Ph, wenn ihr wüßtet, worum es hier geht!" schnaubt Leichtfuß etwas atemlos.
„Worum denn?" will der Igel wissen.
Da erklärt der Hase: „Ich brauche den Schmetterling als Modell für mein neues, fröhliches Osterei!"

„Du könntest ja auch mich als Modell nehmen", bietet sich der Igel an.
Leichtfuß sieht ihn verdutzt an. „Dich als Modell für ein fröhliches Osterei? Unmöglich! Dazu bist du viel zu langweilig!"
Da ist der Igel natürlich beleidigt. „Dann eben nicht!" sagt er spitz und verschwindet im Kornfeld.
Leichtfuß tut es zwar leid, daß er den Igel gekränkt hat, aber...
„Ein Igel als Modell für ein Osterei! Na, der hat wirklich von Farben und Ostereiern keine Ahnung!" murmelt er vor sich hin.
Suchend sieht sich nun der Osterhase wieder nach dem Schmetterling um. Aha, dort auf dem Zaunpfahl sitzt er.
Ich will es einmal mit List versuchen, denkt sich Leichtfuß. Ich tue so, als wollte ich ihn gar nicht mehr fangen.
Ich lasse mich von ihm umgaukeln und umflattern, ohne eine Miene zu verziehen. Und dann plötzlich, wenn er sich sicher fühlt und mir wieder sehr nahe kommt, mache ich – schnapp! – mit der Pfote und habe ihn.
Vergnügt setzt Leichtfuß seinen Weg fort. Er streckt dabei die Nase in die Luft und summt vor sich hin. Er tut, als gehe ihn der Schmetterling überhaupt nichts mehr an. Doch insgeheim beobachtet er ihn aufmerksam aus den Augenwinkeln heraus.
Auf einmal aber – o Schreck! – verliert Leichtfuß den Boden unter den Füßen. Ein Schritt noch ins Leere, und dann landet er – platsch! – im Bach.
Was für ein Schreck für den Osterhasen! Er kann nur hoffen, daß niemand zugesehen hat!
Prustend und spuckend sucht Leichtfuß am Ufer Halt.
„Wünsche einen schönen guten Morgen!" begrüßt ihn ein Frosch hämisch grinsend. „Ich wußte gar nicht, daß Osterhasen das Morgenbad ebenso lieben wie ich. Ich dachte immer, sie gehen dem Wasser eher aus dem Wege... Tttttt, man lernt doch immer wieder etwas dazu."
Leichtfuß erwidert nur mürrisch: „Guten Morgen."

Er weiß nicht so recht: Will der Frosch ihn nur verspotten, oder meint er es ernst?
Triefend und mit nassen, hängenden Ohren zieht sich Leichtfuß ans trockene Ufer.
Ja, und wen sieht er dort seelenruhig auf einer Blume sitzen? Seinen Modellschmetterling natürlich.
Fast sieht es so aus, als blicke dieser ihn spöttisch an. Aber vermutlich bildet sich Leichtfuß das auch nur ein.
Der Hase duckt sich und schleicht sich an. Ganz dicht sieht er den farbenfrohen Falter vor sich. Schon streckt er die Pfote nach ihm aus – zu spät. Dann gaukelt der Schmetterling dicht an seiner Nase vorbei. So dicht sogar, daß er die Schnurrhaare streift.
„Hatschi!" niest Leichtfuß. „Hih, wie das kitzelt!... Hatschi!" Oder niest er vielleicht wegen seiner nassen Kleider? Vorsichtshalber zieht er sie aus und hängt sie zum Trocknen über ein paar hohe Grashalme. Dann legt er sich ins Gras und läßt sich rundherum von der Sonne trocknen. Dabei denkt er: Ja, wenn nicht in drei Tagen Ostern wäre, könnte ich mir jetzt ein Nickerchen gönnen, so aber....
„Auf geht's", murmelt er und schlüpft in die beinahe trockenen Kleider. Dann springt er auf und hält wieder nach seinem Modell Ausschau.
Der Schmetterling scheint auf Leichtfuß gewartet zu haben.
Denn kaum steht der Hase wieder auf den Hinterpfoten, da flattert der Schmetterling von einer Blume auf.
Bis in den Wald hinein lockt er Leichtfuß. Und dann ist er plötzlich verschwunden.
Suchend läuft der Hase zwischen den Bäumen umher. Aber vergebens.
Sein Modell-Schmetterling ist ihm entwischt.
Eine Eule fragt: „Was suchst du denn hier im Wald? Wieso hast du überhaupt Zeit, um spazieren zu gehen? Ich denke, so kurz vor Ostern habt ihr Osterhasen immer viel Arbeit!"

„Wir haben auch viel Arbeit vor Ostern", brummt Leichtfuß. „Deshalb bin ich ja gerade hier!"
Die Eule und einige andere Tiere, die inzwischen hinzugekommen sind, sehen den Hasen verständnislos an. „Was soll das heißen?" will die Eule wissen.
Da erzählt Leichtfuß die ganze Geschichte: von dem umgefallenen Ei, dem umgestürzten Farbtopf und von seiner Idee, den Schmetterling als Modell für ein fröhliches Osterei zu fangen.
„Eine gute Idee!" lobt die Eule. „Ich hoffe nur, daß du den Schmetterling wiederfindest. Hier im dunklen Wald ist er bestimmt nicht. Soviel ich weiß, lieben Schmetterlinge die Sonne."
„Danke für den Rat", sagt Leichtfuß artig.
Als er den Waldrand erreicht, setzt er sich, um ein wenig auszuruhen.
Die Aufregung, das Bad und die Jagd nach dem Schmetterling haben ihn schrecklich müde gemacht.
Gerade als ihm die Augen zufallen, verspürt er ein leichtes Kitzeln an der rechten Hinterpfote. Blinzelnd öffnet er ein Auge. Da wippt etwas in herrlichem Rosa auf seiner Pfote auf und ab. Mein Modell! schießt es Leichtfuß durch den Kopf.
Er schließt sein blinzelndes Auge wieder, zählt bis zehn und reißt dann beide Augen gleichzeitig weit auf.
Wirklich, da sitzt sein Modell-Schmetterling und sieht ihn an. Mit ganz zarter Stimme fängt er an zu reden: „Hör mir zu", sagt er. „Ich weiß, was du von mir willst. Du brauchst mich, um nach meinen Flügeln ein Osterei zu bemalen. Ich habe nichts dagegen. Ich will dir sogar gern Modell stehen. Doch du darfst mich nicht berühren. Wenn du mich nämlich anfaßt, geht der Staub von meinen Flügeln ab, und ich kann nicht mehr fliegen."
Leichtfuß hat dem Schmetterling aufmerksam zugehört.
Erstaunt gesteht er: „Das habe ich nicht gewußt."
Und feierlich fügt er hinzu: „Ich verspreche dir, daß ich dich nicht berühre!"

„Gut, dann komme ich mit dir und sitze dir Modell für dein Osterei“, erklärt der Schmetterling.
Im Nu ist Leichtfuß auf den Beinen. Alle Müdigkeit ist wie weggeflogen. So schnell ihn seine flinken Beine tragen, läuft er zum Hasendorf zurück.
„In Deckung!“ ruft eine Maus und rettet sich ins Mauseloch. „Ja, ja!“ sagt der Maulwurf bedächtig. „Vor Ostern haben es die Hasen immer besonders eilig!“
Der Schmetterling aber begleitet den Hasen wie versprochen.
„Lauf nicht ganz so schnell“, bittet er Leichtfuß, „ich komme sonst nicht mit!“
„Ich habe noch schrecklich viel zu tun“, entschuldigt sich der Hase und rennt nicht mehr so schnell.
Es dauert gar nicht lange, da kommen beide im Hasendorf an.
„Als erstes muß ich mir Farben zum Mischen besorgen“, erklärt Leichtfuß dem Schmetterling.
In seiner Farbkammer wählt er einen Topf mit roter, einen mit blauer und einen mit weißer Farbe aus. Dann beginnt er mit dem Mischen.
Der Schmetterling schaut Leichtfuß dabei gespannt zu. Der rührt die Mischung kräftig um und murmelt: „Ein bißchen Weiß noch, dann müßte die Farbe stimmen.“
Auf einem kleinen Stein probiert der Hase die Farbe aus.
„Einwandfrei!“ sagt der Schmetterling bewundernd. „Du hast genau den Farbton meiner Flügel getroffen!“
„Tja“, brüstet sich Leichtfuß, „ein richtiger Osterhase versteht sich eben aufs Farbenmischen!“
Etwas leiser fügt er hinzu: „Ich laufe jetzt und besorge ein Ei. Warte du hier vor meinem Haus auf mich. Sobald ich dann zurück bin, beginnt die Arbeit. Hoffentlich gelingt mir das Muster so gut wie die Farbe!“
Schon hoppelt Leichtfuß davon... und kehrt wenig später mit einem Ei wieder.

Er stellt es in einen Eierhalter-Korb, setzt sich daneben und fängt mit der Arbeit an.
Dabei erklärt er dem Schmetterling: „Erst bemale ich das Ei in der Grundfarbe deiner Flügel, also in Rosa. Dann setze ich Tupfen darauf und umrahme sie entweder mit Blau oder mit Rot."
Der Schmetterling hält mucksmäuschenstill. Er wagt es kaum zu atmen.
Als das Ei gerade halbfertig ist, kommen ein paar Hasen vorbei. Sie bleiben stehen und sehen Leichtfuß bei der Arbeit zu.
„Oh, das ist aber ein schönes Ei!" ruft einer bewundernd.
„Es sieht genauso fröhlich aus wie der Schmetterling, der sich gerade darauf setzt", fügt ein anderer hinzu.
Leichtfuß freut sich, daß sein Osterei den anderen gefällt.
„Verratet noch nichts dem Ober-Osterhasen", bittet er die Hasen. „Es soll eine Überraschung werden."
Endlich ist das Ei fertig.
Leichtfuß ist mit seinem Werk zufrieden und zeigt es dem Ober-Osterhasen.
„Schön! Wirklich einmal etwas anderes als unsere üblichen Ostereier!" lobt dieser.
Da gesteht Leichtfuß sein Mißgeschick mit dem angeknacksten Ei und dem umgestoßenen Farbtopf.
„Nun", sagt der Ober-Osterhase, „ich will die Geschichte vergessen, aber nur unter einer Bedingung: Daß du noch mehr solcher Eier malst!"
Das braucht er Leichtfuß nicht zweimal zu sagen. Voller Eifer macht er sich an die Arbeit. Er malt und malt und ist ganz erstaunt, als der Ober-Osterhase ruft: „Schluß jetzt mit dem Eiermalen! Es ist Ostern, und wir müssen die Eier austragen!"
In diesem Jahr bekommen alle braven Kinder ein Osterei von Leichtfuß.
Ob du wohl auch eines bekommst?

Die verschwundenen Ostereier

Es ist wenige Tage vor Ostern. Der Morgen dämmert gerade erst, und die Hasen in Osterdorf schlafen noch tief und fest. Kein Wunder! Was haben sie in diesen Tagen auch alles zu tun!
Von morgens bis abends mischen sie Farben und malen Eier an. Und jeden Abend bringen sie die fertigen Ostereier zur großen Eierwiese.
Tagsüber sitzt dort Hase Tagauge auf dem Wachtposten und paßt auf, daß niemand eines der kostbaren Eier stiehlt. Denn leider haben die Osterhasen schlechte Erfahrungen gemacht.
Es ist etwa fünf Jahre her: Damals hat ihnen eine Elster am hellichten Tag einige Eier stibitzt. Glücklicherweise hatte Hase Weitblick sie dabei beobachtet. So konnten die Hasen ihr die Eier wieder wegnehmen.
Seit dem Tag wird die Eierwiese vor Ostern immer streng bewacht. Auch nachts!
Am Abend, wenn die Osterhasen die frisch bemalten Eier zur Wiese gebracht haben, kommt Hase Nachtauge und löst Wächter Tagauge ab.
„Mach's gut, alter Junge, und halt die Augen offen", sagt Tagauge jedesmal, bevor er nach Hause geht.
Und Nachtauge erwidert regelmäßig: „Keine Sorge, auf Nachtauge ist Verlaß."
So war es auch am letzten Abend.
Doch nun, in aller Herrgottsfrühe, rennt Nachtauge, so schnell er kann, dem Hasendorf zu. Dabei läutet er wild mit der Glocke. Und noch bevor er die ersten Häuser von Osterdorf erreicht, fängt er schon an zu schreien: „Hilfe! Diebe!"
Die Osterhasen schrecken aus dem Schlaf hoch. Hat da nicht jemand laut gerufen und die Wächterglocke geläutet.
Was hat er gerufen?... Diebe?
Dann muß es Eierwächter Nachtauge sein. Du liebe Zeit!

Nichts wie aus den Betten! Schon fliegen Fenster auf, kommen Hasen in Schlafanzug und Nachthemd auf die Straße gelaufen. „Was ist los? – Was ist geschehen?" bestürmen sie Nachtauge mit Fragen.
Atemlos vom schnellen Lauf berichtet der Eierwächter: „Die Ostereier... fast alle unsere Ostereier... sind weg!"
„Weg?" fragen die Hasen ungläubig. Im Nu sind auch die verschlafensten hellwach. „Aber wieso sind sie weg? – Hast du wohl nicht aufgepaßt? – Warst du etwa eingeschlafen?" Fragen prasseln auf Nachtauge herab.
Der Eierwächter schlägt beschämt die Augen nieder und gesteht bedrückt: „Ja, ich habe geschlafen. Zum ersten Mal in meinem Leben habe ich nachts geschlafen. Ich weiß wirklich nicht, wie das geschehen konnte... Gestern nachmittag nach dem Besuch von Familie Stibitzmaus war ich schon ein bißchen müde... Später dann, auf der Eierwiese, wurde ich immer schläfriger... Ich kann nichts dafür, irgend etwas muß mit mir nicht in Ordnung gewesen sein..."
„Versuche nicht, dich herauszureden", sagt Osterhase Hochnas. Oje, geht da ein Schimpfen und Schreien in Osterdorf los. Der arme Nachtauge würde am liebsten in ein Mauseloch kriechen, so sehr schämt er sich. Und doch... Er ist fest davon überzeugt, daß irgend etwas mit ihm nicht in Ordnung war.
Schließlich ruft Pauline Samtig in den Lärm hinein: „Ruhe!... Seid endlich still!... Schimpfen hilft uns auch nicht weiter! Wir müssen nachdenken, wie wir den Dieb finden und unsere Eier zurückholen können!"
Pauline hat recht, und die Hasen verstummen. Hochnas ergreift das Wort: „Am besten ziehen wir uns jetzt alle erst einmal an. Danach wollen wir mehrere Gruppen bilden und die Eierwiese nach Spuren absuchen."
Gesagt, getan. Schon bald darauf erforschen die Hasen die Wiese. „Hier! Ich sehe Farbkleckse!" ruft Hase Weitblick plötzlich.

Sofort stürzen alle Hasen herbei.
„Da, seht nur!" Weitblick ist ganz aufgeregt. „Hier sind Farbspuren."
Die Hasen umringen ihn. Wahrhaftig, da sind rote und blaue Kleckse auf einigen Steinen.
„Aber ich sehe keine Fußspuren von den Dieben", gibt Hochnas zu bedenken.
Pauline überlegt laut: „Ich glaube die Eier sind nicht weggetragen, sondern weggerollt worden. Wenn die Diebe nämlich kleiner und schwächer sind als wir, mußten sie die Eier rollen. Und wenn sie kleiner und leichter sind als wir, kann man auch keine Fußspuren sehen..."
Das leuchtet den Hasen ein.
Weitblick ruft ungeduldig: „Los, folgen wir der Farbspur!"
Und schon stürmt er allen voran dem Wald zu.
Die anderen Hasen rennen hinterher.
Nur Pauline Samtig bleibt noch stehen. Sie denkt angestrengt nach. „Das wäre möglich", murmelt sie nach langem Grübeln. „Und dann hätte Eierwächter Nachtauge auch recht... Denn dann war wirklich etwas nicht in Ordnung mit ihm... Na, wir werden ja sehen..." Schon hoppelt auch sie dem Wald zu.
Flink waren die Diebe wohl, aber bestimmt nicht sehr schlau. Eine deutliche Farbspur zeigt den Hasen den Weg, den sie genommen haben. Vielleicht können die Hasen sie noch einholen...
„Ich habe ein Ei gefunden!" ruft Weitblick stolz.
„Dann merk dir die Stelle und nimm es auf dem Rückweg mit zur Eierwiese", rät Hochnas. „Jetzt komm, sonst erwischen wir die Diebe nicht mehr!"
Die Stelle kann ich mir leicht merken, denkt Weitblick, das Ei liegt bei dem letzten Baumstumpf am Wiesenrand.
Eiligst folgt er den Hasen in den Wald hinein.
„Pst, leise jetzt!" ermahnt Pauline die Hasen. „Vielleicht können wir die Diebe auf frischer Tat ertappen!"

Behutsam setzen die Hasen ihren Weg im Wald fort. Durch Gras und über Baumwurzeln führt die Farbspur.
„Wenn die Diebe wirklich kleiner sind, dann haben sie sich auf diesem weiten Weg ganz schön abmühen müssen", flüstert Hochnas.
Die anderen nicken zustimmend.
Plötzlich bleiben die Hasen stehen und lauschen. Sie hören da etwas... ein leises, piepsendes Stöhnen... und feine Stimmchen, die rufen: „Langsam! Vorsicht! Sonst reißt es uns mit in die Tiefe!"
Pauline tuschelt den anderen zu: „Das ist Familie Stibitzmaus. Kommt mit zur Lichtung, da gibt es etwas zu sehen!"
Das Bild, das sich den Hasen dort bietet, verschlägt ihnen die Sprache: Mäuse, besser gesagt, Spitzmäuse, mühen sich dort mit ihren Ostereiern ab. Ächzend und stöhnend versuchen sie, diese in ihr Mauseloch zu rollen.
„Da haben wir ja die Eierdiebe", sagt Hochnas laut.
Die Mäuse piepsen entsetzt und rennen in großer Angst dem Mauseloch zu.
Eine Maus fällt vor Schreck von einem Ei herunter. Eine andere läßt das Ei los, das sie gerade stemmt. Und eine dritte wird unter diesem Ei eingeklemmt. Sie piepst und jammert vor Schmerz und Angst. Mühsam windet sie sich unter der schweren Last hervor.
Da packt Pauline diesen Mäuserich am Ohr und stellt ihn zur Rede: „Ich tue dir nichts zuleide, wenn du mir meine Frage ehrlich beantwortest: Habt ihr Spitzmäuse gestern nachmittag dem Eierwächter Nachtauge heimlich ein Schlafmittel in den Kaffee getan?"
Der Mäuserich nickt und piepst ängstlich: „Ja."
Sogleich läßt Pauline ihn frei. So schnell er kann, humpelt der Mäuserich dem Mauseloch zu.
Das sieht so drollig aus, daß die Osterhasen laut lachen müssen.

Dann aber fragt Weitblick: „Wieso hast du gewußt, daß es die Spitzmäuse sind?"
Pauline erklärt: „Ihr erinnert euch doch sicher, daß Nachtauge von dem Besuch der Spitzmäuse erzählt hat?"
„Ja...! – Natürlich...", stimmen ihr die Hasen zu.
„Und ihr wißt auch noch, daß er das Gefühl hatte, irgend etwas sei an diesem Abend mit ihm nicht in Ordnung gewesen. Gewöhnlich würde er nachts kein Auge zutun. Und diesmal sei er schon bald nach dem Nachmittagskaffee fast eingeschlafen..."
„Ja..." – „Stimmt..." – „Das hat er gesagt", bestätigen die anderen Hasen.
Und Pauline fährt fort: „Als wir die Farbspuren auf der Wiese sahen, nahmen wir an, daß jemand die Eier nicht getragen, sondern fortgerollt hatte. Vermutlich, weil er zu klein und zu schwach war..."
„Ach so..." Den Hasen ging ein Licht auf.
„Da kam mir die Idee, daß die Spitzmäuse vielleicht Nachtauge ein Schlafmittel in den Kaffee getan haben, um dann nachts in Ruhe unsere Ostereier stehlen zu können...", beendet Pauline ihre Geschichte.
„Die Idee hätte von mir sein können!" meint Hochnas anerkennend. „Aber jetzt müssen wir zusehen, daß wir die Eier wieder auf die Eierwiese bekommen. – Pauline, du bleibst hier und paßt auf die Ostereier und das Mauseloch auf. Weitblick, Max und ich laufen ins Dorf und holen Pickel und Spaten."
Schon machen sich die drei Hasen auf den Weg. Bald darauf kommen sie mit den Geräten zurück.
„An die Arbeit", meint Hochnas, spuckt in die Pfoten und fängt an, mit dem Pickel die Erde zu lockern.
Weitblick und Max schaufeln eifrig. So legen sie allmählich den Mäusegang und schließlich eine größere Höhle frei. Ein Osterei nach dem anderen kommt dabei zum Vorschein und wird von den dreien mit lautem Juchhu begrüßt.

„Ich laufe schnell ins Dorf und sage den andern Bescheid, daß wir alle Ostereier wiederhaben“, sagt Pauline. „Alle sollen hierher kommen und tragen helfen.“
Schon will sie loshoppeln, da ruft Max ihr hinterher: „He, Pauline, nicht so eilig! Nimm doch gleich ein Ei mit!“
„Aber dann kann ich nicht so schnell laufen!“ wendet Pauline ein und ist auch schon unterwegs.
„Der geht es nie schnell genug“, brummt Weitblick.
Pauline saust wie der Wind. Atemlos kommt sie in Osterdorf an.
„Alle mal herhören!“ ruft sie schon von weitem. „Wir haben unsere Ostereier wieder!“
„Hurra! Hurra!“ jubeln die Osterhasen.
„Kommt mit! Wir holen sie und bringen sie zur Eierwiese zurück!“ ruft Pauline. Und schon rennt sie wieder zurück zum Wald.
Alle Hasen, die schon so groß und kräftig sind, daß sie ein Osterei tragen können, laufen hinter ihr her. Allen voran der glückliche Eierwächter Nachtauge.
„Sie kommen! Sie kommen!“ verkündet Weitblick.
Natürlich müssen die glücklichen Finder Pauline, Hochnas, Weitblick und Max ihre Geschichte in allen Einzelheiten erzählen. Hochnas aber entschuldigt sich bei dem Eierwächter: „Es tut mir leid, daß ich dir nicht geglaubt habe, mit dir sei etwas nicht in Ordnung gewesen.“
„Schon gut“, sagt Nachtauge, „die Hauptsache ist, daß ich nachts wieder die Eierwiese bewachen darf!“
Nun packt sich jeder ein oder auch zwei Eier auf, und dann bewegt sich ein langer, bunter Zug dem Hasendorf zu.
„Was ist denn nur los?“ wundert sich ein Eichhörnchen, „es ist doch noch gar nicht Ostern. Warum laufen denn heute schon die Hasen mit den Eiern herum?“
„Ja, weißt du...“, erklärt ihm ein Hase und erzählt die Geschichte von den diebischen Spitzmäusen.

Schließlich erreichen die Hasen mitsamt den wiedergefundenen Ostereiern ihr Dorf.
„Die Eier! Unsere Ostereier sind wieder da!" jubeln die Hasen, die zum Eiertragen noch zu schwach waren und deshalb zu Hause bleiben mußten. Sie eilen herbei und betrachten und befühlen die Ostereier. Sie untersuchen, ob sie noch heil sind und ob viel Farbe an ihnen fehlt.
Osterhase Hochnas fragt: „Wollt ihr uns helfen, die Eier mit Farbe auszubessern?"
„Ja, gern!" rufen die kleinen Hasen.
„Dann laßt euch von unserem Farbenmeister ganz feine Pinsel und kleine Farbnäpfe geben und kommt zur großen Eierwiese", ordnet Hochnas an.
Das braucht er den Häschen nicht zweimal zu sagen.
Schon sausen sie davon und treffen bald darauf mit ihren Malsachen bei der Eierwiese ein.
Dort sind die größeren Hasen gerade dabei, die Ostereier zu ordnen: Auf eine Seite der Wiese bringen sie die Eier, die unbeschädigt geblieben sind; auf die andere Seite die Eier, an denen Farbe fehlt.
Mit Feuereifer machen sich die kleinen Hasen an die Arbeit. Endlich können sie einmal mithelfen! Endlich werden sie von den erwachsenen Hasen gebraucht!
Bis zum Abend sind alle Ostereier fertig ausgebessert.
Nachtauge löst freudestrahlend Eierwächter Tagauge ab.
„Mach's gut, alter Junge", sagt Tagauge wie üblich.
Und Nachtauge erwidert augenzwinkernd: „Keine Sorge, auf Nachtauge ist Verlaß."
Osterhase Hochnas aber lobt die Häschen: „Das habt ihr prima gemacht! Die Menschenkinder merken bestimmt nicht, daß an diesen Eiern die Farbe ausgebessert ist!"
Oder hast du schon einmal an einem Osterei eine ausgebesserte Stelle entdeckt?